마음의 여백

혜정 박연희

청옥

두 번째 시집을 내며

무엇이 더 필요하랴
조용한 아침이면 커피 향 하나만으로도 행복한 것을...

깊은 잠! 그 감사한 시간을 거쳐
부질없는 욕심 들이 가을 풀숲처럼 사그라들었구나

변함없는 일상에도 불쑥 고개 드는 우울함과 불평의 소리는 감사하는 마음으로 귀를 막고 자연의 소리에 귀 기울여 잠재워야지

시간이 허락 된다면 계절의 아름다움을 화폭에 담고
사색을 즐기며 자연의 가르침을 글로 표현하고 싶다

첫 시집을 낸지 3년 만에 다시 글을 모아 두 번째 시집을 출판하며 따뜻한 관심과 응원을 보내 주신 분들께 감사드립니다.

2017년 초봄
혜정 박연희

차례

제1부 마음의 여백

13 … 마음의 여백
14 … 아름다운 세상
16 … 새벽 단상
17 … 길을 가다가
18 … 가치관
19 … 행동의 제약
20 … 예감으로
21 … 나의 사명
22 … 소중한 이유
23 … 독백
24 … 허공
25 … 마음을 비우라네
26 … 가을비 회상
28 … 내 마음의 삽화
29 … 세월
30 … 방황
31 … 가장 힘이 되는 언어
32 … 분주한 밑그림

제2부 사랑하며 이해하며

35 … 사랑하며 이해하며
36 … 참 좋은 당신
37 … 처음 마음 별처럼
38 … 그대 생각
39 … 내 인연을 위해
40 … 다정한 그대 사랑
42 … 진실한 인연으로
43 … 작은 사랑이더이다
44 … 동반자
45 … 작은 행복
46 … 친구에게
48 … 함께 하는 사랑
49 … 나의 사랑 그대
50 … 나는 너를 알아
51 … 그대여
52 … 사랑이라는 이름으로
53 … 소중한 사람입니다
54 … 네가 있어 좋은 세상
55 … 세월은 기다리지 않아요
56 … 하얀 꽃, 하얀 바람

제3부 살아가는 동안

59 … 살아가는 동안
60 … 내 삶이 다 하여도
61 … 여로
62 … 흔들리는 세상에
63 … 개망초, 그리움으로 피어
64 … 내 삶의 여정
65 … 내가 정한 행복
66 … 나의 악기 가야금
67 … 겁 없는 나이이지만
68 … 나이가 들수록
69 … 버리고 비우기
70 … 나를 낮추며
71 … 빛의 각인
72 … 나를 위한 여행
73 … 실패는 두려운 게 아니다
74 … 나의 삶, 나의 인생
75 … 뒤돌아보며
76 … 그러려니 하자
77 … 세월이 내게 묻는다
78 … 무소유의 참뜻을 그리며
79 … 괜찮아

제4부 하얀 그리움

- 83 ··· 내 가슴에 꽃이 되어
- 84 ··· 그리움
- 85 ··· 벚꽃 닮은 미소
- 86 ··· 어머니의 강가
- 88 ··· 내가 너라면
- 89 ··· 임의 뒷모습
- 90 ··· 관심은 사랑이야
- 91 ··· 변함없는 너
- 92 ··· 그래도 될까
- 93 ··· 가려진 사랑
- 94 ··· 그대 기억 안에
- 95 ··· 너를 안고서
- 96 ··· 겨울 연가
- 97 ··· 꿈꾸는 영혼이여
- 98 ··· 내 탓이야
- 99 ··· 난 그 자리에 있는데
- 100 ··· 봉숭아 꽃물
- 101 ··· 가슴에 걸어 놓은 별 하나

제5부 내 마음의 풍경

105 … 내 마음의 풍경
106 … 가장 먼저 피는 매화
107 … 꽈리꽃 열매
108 … 선암사 매화
109 … 봄의 향연
110 … 초록빛 물든 나의 정원
111 … 다랭이 마을길에서
112 … 매화 가지에 걸린 그리움
113 … 풀꽃 마음 내 마음
114 … 눈 서리꽃이 피었네
115 … 자연과 하나 되어
116 … 노란 수선화
117 … 낙엽 길을 걸으며
118 … 매화나무 아래서
119 … 숲에서 길을 잃고
120 … 동백꽃
121 … 눈이 내리네

제6부 나의 기도

125 … 나의 기도
126 … 당신을 사랑합니다
127 … 임의 사랑은
128 … 나의 삶은 덤입니다
129 … 사순절에
130 … 깨어나게 하소서
131 … 하늘을 봅니다

제 1 부
마음의 여백

마음의 여백

따사로운 햇살이 고마운 계절
볕바라기에 열중하는 풀꽃을 보니
행복한 추억 떠오르는 지금이 좋다

고요한 숲
잔잔하게 일렁이는 바람
내게서 멀찍이 물러나 앉은 풍경 들을
마음의 여백에 들여놓지

사색하기 좋은 이 계절
청록 잎이 나풀대고
가슴 따뜻한 기억이 아른거리니
내 마음은 어느 사이 숲에 안겨있네

느긋한 일상
세심하게 살펴 나누는 마음에
더불어 행복해지고픈 소중한 관심과
소망으로 나의 여백을 채운다

아름다운 세상

나의 일상은
특별할 것 없어도
귀한 자료가 되어
한 장의 그림이 되고
한 편의 글이 됩니다

숲에 가면
마음에 바람을 담고
들에 가면
눈에 안기는 들꽃을 담아
나의 정원으로 데려옵니다

뒷산에 오르면
도시가 내려다보이고
고개만 돌리면 온통 귀한 자료
들뜬 마음으로
담아내느라 분주합니다

아, 아름다운 세상이여
살아가며 지치고 버거울 땐
쉼터가 되어 위로하니
다시 용기를 얻습니다

새벽 단상

어둠이 걷히지 않은 새벽
가로등도 지쳐 졸고 있을 때
찬바람 가르며 꼬리를 이어가는
차량 불빛을 보니
밤새 소복이 쌓인
정겨움이 가득 안겨온다

완벽한 내 시간이 되어 주는 새벽녘
방해 받지 않고 나만의 고독에 취해본다

향 짙은 커피로 나를 깨우고
정겨운 언어로 글을 지어
살며시 들여 놓는 기억 하나!
나를 존재하게 하는 의미로
일렁이고 있다. 지금

길을 가다가

가던 길 멈추고
혼자 보기 아깝도록
흐드러지게 핀 들꽃을 살핀다

가녀린 꽃으로 피어
소리 없이 피고 지는 너는
무관심 속에서도
눈 여겨 봐주길
기다리는 그리움이었지

사는 게 바빠서
나를 위해 불러주는
꽃의 노래를 듣지 못하고
향기로운 속삭임에도
지나치기 바빴구나

많은 말이 필요한 세상
분주한 소리에 익숙한 세상
꽃이 전하는 소리를 들으며
한 세상 가벼운 삶을
누린다면 정말 좋겠네

가치관

진실한 만남이란 소유하거나
구속하는 것이 아니라
내가 상대에게
다가서며 하나가 되는 것이다

나의 색과 상대의 색이 혼합되어
원하는 색이 만들어질 때
진정한 소중함을 알게 될 것이다

세상에 어찌 이별이 없겠는가!
그 마음 위하여 가슴 아프지 않도록
관계의 다양함을 알려주어야 한다

홀로 외로움에 겁먹지 말고
세상은 나름
살아볼 만한 가치가 있다고
너그러움을 배우며 이해하자고
넌지시 다독여보자

행동의 제약

살갗을 에는 아픔보다
더 참을 수 없었던 것은
이유를 모르는 거짓이었기에
차라리 눈을 감았다

나를 알지 못하고
겉모습을 판단하는 현실에
내 마음을 그늘에 숨겼다

가슴 아프고 화가 나는 것은
내 생각은 실제와 멀어지고
편파되어 지는 걸
바라보아야 한다는 것
참으로 서글픈 현실이다

예감으로

오늘 하루도
어스름 속으로 사라진다

뒤돌아보면 언제나 외길
고집하던 그곳에 나를 붙잡아
또 다른 나와 마주한 동행이다

가슴 저리게 사랑했던 나날도
아련한 추억일 뿐
서성였던 지난 시간은
알 수 없는 상념에 쌓여만 갔지

뒤안길에 잠시 올려 본 하늘이
오렌지 빛 메시지를 남긴다
남의 아픔도 내 아픔처럼
껴안으며 살아가라고

나의 사명

나이 어린 호기심도 아니고
행복에 넘친 사랑도 아닌
차분한 마음의 안정을 위해서
반추해보는 나의 삶

덧없이 흐르는 시간 안에
무엇을 추구하며
사는지조차 잊고 살아가는 나
한 번 뿐인 인생
그 하나에 모든 걸 걸어
겁없는 모험도 하려했다

남은 삶
노력하는 마음으로
조급하지 않게
내게 필요한 것을 담아내며
존재의 이유에 충실하여
최선을 다한
후회 않는 믿음으로
스스로를 다독이지

소중한 이유

내 삶의 소중한 깨달음
작은 것 하나에도 의미가 담겨
가슴 깊이 자리한다는 것

큰 목적을 두지 않고 살아온
가벼웠던 시간들
그 소중함을 알고 나니
가슴 떨리는 감동

한정된 시간에
가꿔 가야 하는 귀한 이유
힘겨운 후회보다는
좀 더 나은 밝은 미래를 위해
소홀하지 않을 노력으로
삶의 충실함을 다짐한다

독백

삶의 책임을 묻지 말자
지난 세월 그 무엇으로
나를 대신할 수 있을까

중년이 되어 돌아보니
너무나 많았던 허탈한 상념
깨닫기 위해 아픔이 있어야 했고
내 힘으론 어쩔 수 없어
바라봐야 하는
어처구니없을 때도 있었지

진정한 삶은
느끼며 이해하고
바람 없이 바라보며
조건 없이 기다려줘야 한다는 것을
뒤늦게 알고 나니 후회는 남아
삶은 연민이다. 그 사랑도

허공

유난히 긴 겨울 끝
봄 햇살이 따사롭다

눈부신 햇살 가득한
푸른 하늘
그 무한한 상상의 터에
내 여린 꿈들이 발아한다

앙증스러운 여린 몸짓
연록으로 싹을 틔우니
살가운 봄바람에도 몸을 떤다

어느 따스한 봄날
내 소망의 하늘정원을 가꾼다
구름을 모아
별을 심고 행복을 끌어 와
아름다운 그곳에
내 집을 지어본다
사랑이 충만한 나의 쉼터로

마음을 비우라네

여운을 남기고
산과 하늘을 가로질러
언덕과 길을 뒤로 한 채
사라지는 긴 그림자
덜컹대는 번민은
길게만 남겨 지네요

우리네 삶도
그림자 뒤에 숨은
행복과 그리움
외로움과 사랑
근심과 바람으로
흐르는 세월에
묻어가는 것이니

마음을 비워야
비로 설 수 있다는
작은 깨우침 하나
알아갑니다

가을비 회상

잔잔하게 내리는 가을비
소슬바람과 더불어
춤추는 아름다운 운치
차가운 공기가 창문을 넘어와
이른 시간 마음을 깨웁니다

향 짙은 커피를 마시며
땅을 향해 내려오는
빗줄기를 감상하다
나와 같은 마음일
살가운 인연을 떠 올립니다

내 말에 용기를 얻고
내 글 한 자락에
살아가는 참 의미를 느낀다는
고마운 마음이 생각나
눈시울 붉어집니다

오늘은
그에게 편지를 써보렵니다
내 마음 담아
잔잔한 감동 빠짐없이 전하며
소중한 그날을 잊지 않고
되돌아보는 세월
참으로 많이 흘렀네요

내 마음의 삽화

가지마다 풍성한 나뭇잎은
노란 빛 머금어
가을이 깊게 물들고 있다

바삐 살아 온 지난 시간
설레며 가슴 태우던 날들
이제야 감싸 안는
긴 기다림의 열정일까

나뭇잎 하나
기억 창에 걸어
시린 마음 꾹꾹 눌러 쓴다
이 나이가 되고 보니 알겠더라
이 나이가 되어 보니 이해하겠더라

들어도 못 들은 척
보고도 못 본 척 해야 했던
삶의 냉정한 현실에 눈물이 나더라
알고 보니 그게 인생이더라

세월

자유로운 세상
하나의 의미라도 귀한 마음 그리며
추억을 남길 수 있다면
수만 가지 이야기가 담기겠지

갑자기 쏟아지던 소나기에
텀벙 거리며 달렸던 그 날처럼
복잡한 생각 말고
단출하고 소박한 기억으로
조심스럽게 나이 들어가고 싶다

추억을 벗 삼아
호수 같은 그리움으로 글을 쓰고
여유로운 동행의 위로를 나누며
소소한 행복을 꿈꾸는 세월을 살고 싶다
허무하지 않을 세월을 가꾸며

방황

내 인생 새롭게 계획했으나
그 안에 나란 존재는
처음부터 없었지

누구로부터 나왔으며
어딜 향해 가는지
도무지 알 수 없으므로
당신께 받은 사명감
내가 있다는 확인 뿐
나의 선택은 처음부터 없었지

나도 모르게 내 삶은 변화되고
방랑의 낯선 이방인 같던
지친 내 자신을 돌볼 여유도 없이
난, 그렇게 흘러야 했지

되돌리고 싶지 않다는
조심스러운 염원
다시 사랑해야 할 날들을 위해
남은 삶 충실해야지

가장 힘이 되는 언어

세상에서 가장 아름다운 말
살아가며 가장 힘이 되는 말
"사랑"
그 어떠한 말보다 용기를 주고
애태우며 마음 졸이게 한다

고단하고 버거운 삶
사랑하는 인연으로 어우러져
아름다운 세상
후회가 많지 않은 인생이려면
표현에 인색하지 않도록
날마다 "사랑한다" 메시지를 전하여
내 안에 가장 큰 행복을 저장한다

분주한 밑그림

나는 잠시 잊었던 세상을 만났어
행복한 꿈을 그리던 한 때
너를 만났으나
마음 다해도 부족하기만 했던 인내
돌아보니 아쉬움이더라

지나 온 세월
밀려드는 회한
혼자일 수 밖에 없는 배반의 시간
추억은 조금씩 지워
내 삶의 밑그림 되어가는구나

분주한 나의 일상
비워 낸 자리 새로운 채색으로
내일을 위한 삶의 여백에
나의 밑그림 첫 획을 다시 긋는다

제2부
사랑하며 이해하며

사랑하며 이해하며

행복한 마음으로
이해하며 기다리고
사랑하며 살아가는 일
마음을 주고받으며 사는 일이
녹록하지 않다네

배려하고 감싸주며
자신을 내세우지 않고
이해하며 보살피는
끝없는 기다림이 있어야
진정 하나가 될 수 있다는데

모자란 마음 채워주며
사랑함에 부족하지 않을 정겨움으로
언제 떠올려도 한결같은 따스함이
가슴 가득 스며야
진정한 사랑이 아닐까?

참 좋은 당신

숲에 들어서면
여린 잎사귀들이 반기고
고향의 품처럼 편안한 마음의 여유로
당신과 함께하니 행복합니다

마음 고운 당신이
그저 곁에 있기만 해도
마음이 따뜻해져 좋습니다

바쁜 나날 속에서도
내 마음 평안한지
들여다보아 주는 당신 있으니
넉넉한 행복으로 쉴 수 있어 좋습니다

기쁨을 느끼게 하고
희망에 머물게 하는
정겨운 당신이 있어 참 좋습니다

처음 마음 별처럼

사랑하는 사람아
나의 싱그러운 뜰 안으로
살며시 들어오세요

향 짙은 커피 한 잔으로
못 다한 연가를 함께 부르며
미완성인 작품을 마무리하게요

처음 마음 별처럼
변함없을 그 약속 되새기며
지내온 숱한 나날
지치고 버거웠어도
앞으로 만나게 될 날들이
밝고 평안하도록
기쁜 마음으로 가꾸어요

서로에게 부담 없는 사랑으로
수고했노라 다독이며
별들이 초대된 밤의 파티에서
사랑의 행복을 자축하여요

그대 생각

그대 생각에
작은 정원을 서성입니다
사소한 일에도 크게 웃던 그대
가벼운 고민에도
천근같은 마음 실어주던 그대
말하기보다
들어주며 행복해 하던 그대

오늘따라 정겨운 그대 생각에
마음이 따뜻해져
진실로 그대 사랑함에
후회없겠노라
행복한 다짐으로 사랑을 채웁니다

그대와 함께 느끼고 싶은 계절
길섶에 핀 키 작은 꽃
내 마음에서도 향기로우니
오늘이 아름답습니다

내 인연을 위해

나는 기도 합니다
내 인연의 나날이
건강한 마음과 편안한 삶으로
행복하기를

또 다른 바람이 있다면
내 인연의 힘겨운 하루가
나의 응원에 힘내서
에너지 넘치는 시간이길

마음에 핀 꽃이기보다는
잔잔하게 흔들리는 풀꽃처럼
변함없이 그 자리에서
날마다 평화롭기를

힘겹고 지쳐도 희망 안에서
건강한 몸과 마음으로
작은 일에도 크게 웃는
튼실한 삶이길 기원합니다

다정한 그대 사랑

향기로운 꽃
눈부신 햇살에 자태 뽐내니
지친 마음 위로하던
그대의 사랑처럼
향기롭고 아름답네요

일상에 지쳐 투정부려도
보듬어주는 속 깊은 사랑이
마음 바로 서게 잡아 주지요

그대 사랑 안에서
긍정의 열정을 배우고
험난한 세상
그대 곁에서 평온함을 배우니
훈훈한 배려는 언제나
얼어붙은 마음 녹여주지요

간절히 기원 하건데
세월이 흘러 세상이 변화되고
우리 모습 변하여도
언제나 따스한
마음 전하는 진실한 사랑으로
하나 되는
그대와 내가 되어요

진실한 인연으로

사람의 욕심이란 채워도
더욱 많은 걸 담고자 합니다

많은 걸 이해하고 배려해야 하지만
부족하기만 하여
마음의 분란 많았던 날들의 후회
경험의 교훈을 잊고 삽니다

필요하고 합리적인 사람으로
무한한 사랑 주고받으며
정겨운 삶을 가꾸는 것이
우리가 꿈꾸는 행복한 세상입니다

냇물이 강을 이루고 큰 호수를 만들 듯
삶의 유연한 흐름 속에서
오래 기억될 수 있는 좋은 인연
아름다운 사람이면 좋겠습니다

작은 사랑이더이다

시간이 흐르면 기억도 함께
희미해지는 줄만
세월이 흐르면 그리움도
퇴색 되어지는 줄 알았는데
어제처럼 찾아오더이다

되돌아 본 시간들이
어찌 편안하기만 하였으랴
그리움과 미움을 오가던 방황 또한
모두 부질없는 일이건만
용서하며 사랑함에 인색하여
마음의 빗장 걸어 닫고 살았더이다

돌아앉은 마음에
간혹 따스한 관심이 기웃거려도
외면하여 자초한 고립
설움에 겨워 그리움 뉘석여 보니
오래 기다려 주었던 정겨움
처음인 듯 나를 반기더이다

동반자

표현이 서툴다 해서
사랑이 부족한 것은 아니라오
그저 마음으로 느껴주길 바라는 것이지

진정한 사랑은
머리가 아닌 마음에 담는 것
믿음에 기대여
고단한 삶을 위로 하면서
서로 다름을 인정해 가는 것이라오

귀하게 맺은 인연
남은 삶 다 하는 동안
아낌없는 보살핌으로
그대의 삶을 존중 하리오

석양에 함께 물드는 인생
그림자 동무 되어
흔들리지 않을 버팀목으로
사랑의 기억을 공유하는
든든한 인생의 동반자이고 싶다오

작은 행복

세상에는 작은 것의
위대함이 얼마나 많은가
모래알이 파도에 쓸려 와
아름다운 해변을 만들고

작은 풀씨 하나가
광활한 초원을 만들어 쉬어가게 하니
자연의 위대함도
사소한 것으로부터 시작 되었지

작은 것을 귀히 여기고
작은 정성에 감동하며
작은 보답에도 감사할 줄 아는 것이
가장 행복한 사람이다

작은 생각에서 비롯되어진
삶의 여정
처음의 다짐과 각오로
사소한 의미를 엮은 작은 기쁨들이
우리를 행복으로 안내하리라

친구에게

사랑하는 친구야
네가 머무는 그곳은
흰 눈에 묻혔다는데
그 설국에서
너는 무슨 생각을 했을까?

보고 싶은 친구야
그곳에 폭설이 내리던 날
여긴 이른 봄비가 추적추적 내리기에
나는 심드렁한 마음으로 버스를 타고는
차창 밖 풍경에 넋을 놓다가
문득! 너와 여행하던 날이 생각나
빙그레 웃었지

우리 많은 세월 헤치고 왔구나
봄날처럼 따스한 네 손이 그리워
차창을 가만히 쓸어본다

그리운 친구야
그곳에선 봄비 대신 눈이 내리겠지
넌 눈 위에 하고 싶은 말을 써봐
나는 김이 서린 창문에 쓸 테니
보고 싶다!

함께 하는 사랑

그대와 함께
하루 시작할 수 있음이
얼마나 큰 행복인가요

그대와의 사랑
아련하고 그리움 가득하지만
마음만은 그저 행복합니다

그대가 있어 많은 걸 생각할 수 있고
삶의 향기를 만끽할 수 있으니
얼마나 큰 축복인지요

따스한 관심으로 함께 할 수 있고
다독이고 감싸는 사랑으로
영원하길 소망하며
욕심 없이 지금처럼 사랑하여요

그대 가슴에 내가 있고
내 가슴에 그대 있으므로

나의 사랑 그대

그대는 나의 작은 정원에
영롱한 이슬 머금고
이 순간 가장 곱게 빛나는
사랑 꽃으로 피어나고 있지요

총총한 눈망울에
순수한 소망을 담았으니
가난한 기도처럼 소박하게 피었어도
내겐 가장 소중한 꽃이지요

만남과 헤어짐 많은 세상에서
당신과 나
어떤 특별한 인연으로 약속되어
이처럼 감사한 사랑으로 만나 함께 하네요

세상이 변하여도
그대만을 사랑합니다
영롱한 빛으로 안겨 오는 그대
사랑하는 마음 따스한 행복
내 삶의 쌓여가는 믿음입니다

나는 너를 알아

고요한 숲길에
파르르
나비 한 마리 앞질러 간다

가지에 앉은 산새
뒤질세라 푸드덕 날아가니
연록 잎사귀 한 장 툭!

떨어진 잎사귀 주어 드니
마음에 안기는 싱그러운 느낌
수첩에 넣어 두었다가
훗날 들춰보며 이날을 기억 하련다

인적 없는 숲길
내 발자국 따라오는 초록 향
파란 하늘에 구름
바람이 분다. 내 가슴에

그대여

바람 부는 날에는
다정히 손을 잡고 거닐며
갈대숲에 숨어든
철새들이 질투 하도록
우리 사랑 속삭여 보아요

그대여
외로울 땐 마음을 숨기지 말고
나지막이 서로를 불러 보아요

그대여
이제는 외로움에 떠돌지 말고
두 손 맞잡아
사랑의 기쁨을 찾아 떠나요

그대여
잡은 손 놓지 말고
든든한 지원자로
든든한 버팀목으로
우리에게 남겨진 세월을
함께 가꾸어 보아요

사랑이라는 이름으로

사랑이라는 이름으로 마음을 열어
계절을 맞이하고 보내자니
세월 또한 덧없이 흘러
가슴 시리던 날들을 되새기니
그것도 사랑이더라

뜨겁던 날이 지나 스산한 바람 스치니
들꽃 핀 들판을 가로지르던 바람
그리워 두고 온 것을 찾듯
자꾸만 뒤돌아보는 세월
돌이켜 생각하니 모든 것 사랑이었더라

서로에게 물들어 아른거리던 기억
별빛으로 쏟아지면
방랑의 시간을 떠돌던 지친 마음
먼 길 돌아와
평안을 꿈꾸는 사랑이더라

소중한 사람입니다

기쁨만이 행복의 전부가 될 수 없다고
가르쳐 준 그대는
진정 고마운 사람입니다

진정한 행복을 느끼려면
버거움을 이겨내는 것도 삶의 공부라고
가르쳐 준 그대는
참으로 감사한 인연입니다

살아가는 동안
마음 깊이 간직해야 하는 것
속절없는 세월에 묻어가야 하는 것
이 모두 소중한 생의 자산이라 조언하며
함께 느껴주는 그대는
진정 보물 같은 사람입니다

사랑으로
인생의 가치를 공유하며
내게 힘을 주는 그대는
진정 믿고 의지하고 싶은 사람
든든한 언덕입니다

네가 있어 좋은 세상

울적한 마음 달래려
마음 내려놓을 곳 찾아 헤맬 때면
서슴없이 네 자릴 내어 주니
참! 행복한 세상

힘겹고 지친 마음
사랑으로 감싸 다독여주는 넌
고향 어귀에서 자릴 지키는 고목처럼
찾아온 이유 캐묻지 않고 늘 반겨주니
언제나 믿음의 든든한 바탕이 되는 사람

우울함이 몰려와
하릴없이 하늘 올려보면
살갑게 다가와
외로워 말라며 다독이는 네가 있어
참! 감사한 세상

마주 보며 삶을 논할 수 있어
너와 함께하는 나의 세상은
언제나 은은한 라벤더 향

세월은 기다리지 않아요

흐르는 세월 앞에선
그 무엇도 영원할 수 없다기에
마음에서 꺼낸 따스한 사랑을 드려요

먼 훗날의 약속을 내세워
사랑하는 사람에게
지금 내가 할 수 있는 최선의 노력이나
사랑의 믿음을 쌓아가는 만남을
소홀히 하지 말아요

사람은 영원할 수 없으니
함께 했던 시간을 무심하게 흘려보내서
아쉬움이나 후회로 남기지 말고
어쩔 수 없는 이별 앞에서도
전부를 주어 사랑했노라 말할 수 있기를
그리하여
그 만큼의 아픔에 당황하지 않기를

하얀 꽃, 하얀 바람

눈부신 오월
하얀 찔레꽃 향기로울 때
나의 마음에도 사랑 꽃 피었어라

싱그러운 오월
초록 숲이 일렁일 때
내 마음에 잔잔한 사랑의 파동
사랑의 눈빛에 담긴
순결한 맹세와 다짐 정갈하니
그리운 마음에 흐드러지게 핀 하얀 꽃

나는 하얀 꽃 그댄 하얀 바람 되어
온전한 사랑으로 행복을 되밟으니
아스라한 스무 살의 기억 속
보고픈 당신이 되시더이다

제 3 부
살아가는 동안

살아가는 동안

남은 삶 멋지게 살아보자고
입버릇처럼 약속을 한다

큰 것에 현혹되어 작은 것을 놓치는
미련한 인생은 살지 말고
행복하게 사는 것도 중요하겠지만
후회가 많지 않도록 살아보자

마음을 표현하는 사람으로
자연을 벗 삼아
향 짙은 차 한 잔으로도
그 맛을 깊게 음미할 줄 알며

살아가는 동안 이해하고 배려하여
초라하지 않게 나를 가꾸어
구름 닮은 마음이라면
분명, 지혜의 소리 들을 수 있겠지

나를 위한 내가 되어
너를 위한 나로 너를 볼게
살아가는 동안

내 삶이 다 하여도

잊혀진 기억이라 생각 했는데
코끝을 스치는 그 날의 향기
눈을 감으니 기쁨이 안기어
마음이 따뜻한 행복에 젖는다

세월이 흘러도 변함없을 그리움
빛바랜 앨범의 흑백 추억 되어
따뜻한 느낌으로 곁에 머무는구나

내 삶의 저녁 무렵
희미해지는 추억을 되새기며
남은 인생 그리움과 더불어
노을빛 물들이며 반추할 것이다
귀한 인연 내 사랑은
그대 뿐이라고

여로

닫힌 마음
그 후로도 오랜 시간
지워지지 않은 기억의 가슴앓이가
삶의 옹이를 만들겠지

길지 않은 인생
미련하고 모진 마음
때론 맥없이
무너질 줄도 알아야 하건만
일방적인 생각은
맹목의 위험을 눈치 채지 못한다

돌이켜보니 지난 세월 보다
남은 세월이 분명 짧은데
헤어나지 못하는 이기적인 생각은
주춤거릴 뿐

내게 주어지는 인생이기에
후회가 많지 않도록
삶을 잘 가꾸고 다듬어 지치지 않게!
사는 날까지 열심히 살자

흔들리는 세상에

지워지지 않는 것
마음을 상하게 하는 집착
정신을 황폐화하는 욕심
떨치지 못할 안타까운 상념

버릴 수 없어
쌓아두기만 하던 기억의 틈새에서
석양과 마주하여
버겁던 생의 무게 잠시 내려놓으면
위로가 되어주던 노을빛 구름

바람 잦은 세상에서 연약한 풀꽃처럼
시련에 굴하지 않으려 버틴 나날들
황혼의 허전함이
어느 사이 머리에
하얀 서리로 내렸으니
오랜 세월 힘겨웠노라 위로를 한다

개망초, 그리움으로 피어

추적추적 비가 내리면
호숫가의 호젓한 숲에서
그리움에 젖은 채
불투명한 시간 속을 헤맵니다

하얀 개망초
눈물 번진 풍경 속에 오도카니 서서
한결같은 기다림으로
바람 한 줌에 그리움 실어 보내고는
초라한 눈물 훔치는 모습
나를 닮았습니다

야윈 가슴에 쌓아 두기만 하던 바람
소리 내어 말할 수 없어
억지로 접어놓은 그리움을 속으로만 삭이며
처연히 믿고 살아야하는 운명에
홀로 눈물짓는 개망초 랍니다

내 삶의 여정

나를 대변하는 글을 쓰고 있는가
나를 표현하는 붓 놀음은 잘하고 있을까
나를 닮은 노래는 잘 다듬어 졌을까

내가 원하는 현실이 아니더라도
이해하고 기다려주는 여유로
최선인 지금을 지향하는
내 삶의 밑그림을 위한 여행은
새로운 기대의 출발점에 있다

가장 화려한 춤은
아직 추어지지 않았는데
교만한 생각이 마음을 지배 한다
무엇을 위한 삶이고
무엇으로 감사해야 하는지
내 인생의 진정한 선택은 미지수

내가 정한 행복

눈에 들어오는 것
귀에 들리는 모든 것이 감사하다

맑은 눈으로 세상을 보니
아름다운 풍경으로 이어지는 자연
눈이 시리게 행복하다

살갑게 다가오는 바람
가던 길 멈추니
나를 휘감는 싱그러운 풀꽃 향
오래도록 한 곳에 머물러
내 마음에 소복이 담아둔다

좋은 기억과 아픈 추억을
행복이란 상자 위에 꺼내놓고
혼자서 중얼거린다
세상사 다, 나 하기 나름이야!

나의 악기 가야금

오랫동안 구석에서
내 손길을 기다리는 줄 몰랐네

지난날
마음을 담아 나를 표현하려
네게 도움을 청하던 때가 생각나
길들여지지 않은 소리를 조이고 닦는다네

저음을 맞추며
지난 과거는 나를 깨우는 것이라고
중음을 맞추며
현실에 충실히 최선을 다하자고
고음을 맞추며 내 미래를 그려 본다네
위로하며 위안 받는 인생
후회가 많지 않도록 온 힘을 다하자

둥기둥기둥당가 나의 삶이여
가슴을 열어 오랜만에
너와 마주해 한바탕 어우러지고 나니
비로소 소리를 통해 나를 확인하고서는
가슴을 쓸어내리네

겁 없는 나이이지만

빠르게 흐르는 세월과 함께
내 심장은 더욱 단단하여
높은 담을 허물고 쌓기를
게을리 하지 않으니
살아 볼 만한 세상
무서울 게 없다는 중년이야

작은 소리에 귀를 기울이며
낮은 자세로 세상을 보고
나쁜 것은 걸러 낼 줄 아니
겁날 게 없는 중년이지

지난 삶을 후회하기보다
살아 있음에 충실한 몸짓으로
머리에 하얀 서리 내려도
부끄럼보다는 당당함을 앞세운
지극히 평범한 중년
무서울 것 없는, 겁 없는 나이
남은 삶 기대 해도 되겠어

나이가 들수록

나이가 들수록
조용한 산책으로 자연과 교감하며
나와 만나는 시간이 필요한가 보다

우거진 숲에 가면
바람의 뒤척임까지 들리는 고요함에
때론 슬프기까지 한 느낌이 좋다

꽃들의 인사에   답하여
나도 모르게 빙그레
사람의 눈을 즐겁게 하는
향 짙고 예쁜 꽃도 많이 있지만
나는 뽐내지 않는 수더분한 들꽃이 좋더라

버리고 비우기

눈을 감고
마음을 바람에 맡겨
흔들리는 대로 따라 갑니다

좋은 계절 나를 위해
또는 우리를 위해
여유로운 생각으로
느긋하게 다짐을 합니다

따뜻한 커피에 마음을 맡겨
한 모금 입에 머금고
하늘을 올려보며
편안함을 주는 이 행복한
감사를 잊지 말자 되뇌입니다

비우고 버리자!
좋은 것만 생각하자!
비우는 연습을 분주히 하는데
힘겹던 기억은 쉬이 떠나질 않습니다

나를 낮추며

화창한 봄날 날리는 꽃잎도
연둣빛 번지는 풍경도
오렌지 빛 석양도
밤하늘 가득한
별들의 소곤거림도
사랑이어라

보고 또 보아도
아름답게 넘실대는 꽃물결
눈이 부시도록 푸른 하늘
눈물 날만큼의 축복이지 않은가

나를 기억하고 그리워하는 사람
내게 멀어져 잊혀 지려는 사람
삶의 길에 스친 수많은 인연
내게는 모두가 소중한 사람이더라

빛의 각인

어둠이 짙게 내린 조용한 거리
외로움을 벗 삼으니
달빛이 반갑다

계절 따라 가버린 추억
흘러간 시간 만큼 흐려진 기억
잔잔한 그리움으로
가슴 깊이 숨어든다

발자국 남기지 않는 바람이
자유로이 노닐다 떠나면
호젓한 마음에서
달빛 머금어 곰살가운
풀잎의 몸짓들

별빛 모아 각인하는
그리움의 형상이 어렴풋하다

나를 위한 여행

정처 없이
어디든 떠나고 싶다

계절보다 내가
먼저 앞장서며
지나온 삶의 굴레에서
잠시 벗어나고 싶다

내가 지닌 그 모든 것
잠시라도 내려놓고
나를 위한 여행을
선물하고 싶다

어디든 좋으니
마음 내려놓을 곳을 찾아
정하지 않을 종착역
발길 닿는 대로 바람 따라
구름처럼 그렇게

실패는 두려운 게 아니다

사람은 말을 많이 한다
많이 할수록 실수가
뒤따른다는 것을 알면서도
듣는 것 보다는 말하는 것을 즐기는
통제하기 힘든 인간의 욕구

수많은 두려움과 싸우고
불안 속에서 희망을 갈구하며
자신을 위한 미래라며
잘못된 과거에 대한 반성 없이 성급하여
신뢰에 부응하질 못한다

실패는 두려운 게 아닌데
어찌하여 피하려고만 하는 것일까
어찌하여 실패의 극복을 두려워 하는가
우리가 살아가며
중요한 것이 무엇인지 알아야
삶의 목표가 뚜렷하지 않은가

내 삶을 느긋하게 가꿔야 하는데
난 실천하고 있는 걸까?

나의 삶, 나의 인생

소중함을 잊고
헛된 꿈을 좇아 살지는 않았는지
지난 것에 매몰되어
살아갈 날을 외면하지는 않았는지
생의 갈피를 살며시 들춰 보네

꽃이 피고 지듯
미련과 연민의 반성으로
깨달음에 다가서는 삶의 술래
훗날 되돌아봄에
후회가 많지 않은 삶을 살아 보려네

뒤돌아보며

하늘과 맞닿은
갈림길 많은 비탈을 오르다 보니 알겠더라
세상에는 많고 많은 옳고 그름이
난무하다는 것을

잘못 들어선 비탈길에서 수습하는
당혹스러운 동요
가뿐 숨소리가 정상에 닿으니
아득하구나

그래! 산다는 것
어찌 반듯한 신작로 같으랴!
때로는 진흙에 빠져
마른 땅이 무척 그립기도 할 테지

사람이니 번민에 시달리는 거다
사람이니까 아파보는 거다
더 가파른 비탈을 오르기 전
스스로 시험해 본다. 나의 인내를

그러려니 하자

획일적 사고의 틀에 맞추어
정형화된 인식으로
옳고 그름을 따지는
고단한 삶은 만들지 말자

생각의 유연함 속에서도
내 삶의 색채를 찾아내는
성실한 노력으로
여유와 깊이를 품어보자

살아가며 마주하는
서투름과 부족함을 아우르다보면
수시로 접하는 감정의 소용돌이
고요한 마음이도록 힘쓰니
나만의 그림과 글로
표현되는 삶의 기록이구나

세월이 내게 묻는다

세월이 내게 묻는다네
삶이 버거울 땐 어찌 하느냐고
마음의 짐이 무거울 땐
어디에 내려놓느냐고

세월은 변함없이
아름다운 세상을 다양하게 보여주는데
내 시선은 한곳의 풍경에 고정되어
주변 환경에 둔감하니
자연의 순환을 뒤 따르기가 버겁다네

나만의 약속을 하네
살아 볼만한 세상
주어진 인생 잘 다듬고 가꾸어
나만의 그림을 완성할 것이라고...

무소유의 참뜻을 그리며

소유의 욕심이 어찌 없으랴
무소유의 홀가분한 뜻을 품으려하니
이미 예정된 고뇌이구나

행복에 관한 바람이 어찌 없으랴
소소한 기쁨 들조차
훗날 모두 버리고 떠나고 싶건만
집착의 욕심은
쉬이 곁을 떠나지 않는구나

소유하지 않아
자유로운 영혼이고 싶은데
존재를 증명하고픈 열망에 지배되어
마음 무겁고 번잡하구나

짧은 인생
세상에 필요한 사람이려
세속적 욕심과 집착으로 흔들리는 마음을
겸손 쪽으로 기울여 비운다

괜찮아

보이진 않지만
잡히진 않지만
우린 분명 한 곳을 바라보며
서로 충실한 삶을 가꿀 테니
조급해 하지말자

약한 마음 들지 않게
홀로 우는 일 없이
마음이 시키는 대로 살아가며
같은 하늘 아래
살고 있다는 것만 기억하자

미안해하지 마!
이미 엎질러진 일에
마음 쓰지 말고 변함없는 마음으로
서로 기대어 살아가자
나는 안개 같은 네 인연이고
너는 구름 같은 나의 사랑이야

제 4 부
하얀 그리움

내 가슴에 꽃이 되어

너를 바라보면
괜스레 눈물날 것만 같고
어루만지고 싶어도
다칠까 염려스러워
세상 무엇과도 비교할 수 없는
나 만의 소중함이다

너는 들에 핀 작은 풀꽃 같아
바람에 실린 풀씨처럼 나풀대며
내 가슴에 날아들어
사랑의 뿌리를 내리고 있구나

너를 생각하면
그리움이 무리지어 피어나니
벅차도록 행복하여
감사의 기도를 올리곤 하지
꽃 같은 바람 품은 가슴에 손을 얹고서~

그리움

마음 속 개운치 않던 생각 들이
나의 편견과 아집
잘못임을 알고 나니
다시금 찾은 평안으로 마주하는
나만의 공간에 행복한 기분이 든다

먹 향 은은하여
참선의 고요가 번지는 공간에서
번뇌를 벗는 기억 더듬어
수묵화로 다시 채워보는 여백

정성 깃들인 붓질 한 번마다 스미는
조용한 반성
파묵破墨으로 완성해 가는 그리움의 형상
언제쯤인가부터
내 곁에서 먹을 갈고 있네

벚꽃 닮은 미소

봉우리에 맺힌 이슬
은구슬 안에 얌전하게 입술 내민 벚꽃
참으로 곱다

얼마나 예쁜 목걸이를 만들려는지
은구슬들 주렁주렁
햇귀에 펠라치면 사라질 테니
바라만 보는 틈 타
꽃 봉우리 벙글어 화사한 웃음을 짓겠지

봄바람, 봄비에 희생쯤은 아랑 곳 없이
앞 다투어 피는 꽃을 보니
이렇듯 좋은데

벚꽃처럼 고왔던 엄니 생각에
꽃물 머금은 그리움 한 자락 두고 오려니
자꾸 되돌아보곤 하는 마음에 매달리는 은구슬
대롱거리다 떨어지누나

어머니의 강가

나에겐 강이 하나 있다
그 강가에 서성이는 나는
세월과 동행하며 그리움의 바다를 만든다

세상에 빛을 보게 하시고
나를 세상에 던져놓고 언제나 근심 안에
사셨던 내 어머니
그땐 몰랐다, 어머니 눈물이, 한숨이
자식 걱정이라는 것을
지금 그 자리에 앉아
가슴 저민 그리움에 눈시울 적신다

어머니와 애틋한 추억이 없기에
늘 어머니 강가를 서성이던
그 아이는 예순이 다 된 지금도
당신의 강가를 서성인다

고향집 우물가에
골담초 수선화 만개했던
그리운 그날을 되돌아보니
추억 상자에 빛이 들어
내 가슴에 안기어 불러본다. 엄마

내가 너라면

내가 너라면
삶은 스스로 책임지고
입에서 나가는 모든 언어
행동의 경솔함도 차분히 정리 할 텐데

내가 너라면
잘못된 것은 반성하며
떠나보낸 과거에 얽매이지 않을 텐데

내가 너라면
아픈 상처 건드려 덧나게 하지 않고
좀 더 아름다운 미래를 위해
남은 삶 어루만질 텐데

황혼의 노을 속에서
엇갈린 인연을 탓하지 말고
원망 없이 분별하여 모나지 않도록
너그럽고 넉넉한 인생을 살자는 거다

임의 뒷모습

마음의 짐 덜어내지 못하고
새벽 시간 붙잡고
하염없이 상념에 빠지네

가녀린 들꽃
비안개에 함초롬하여
고운임 눈물로 배웅하듯 바라보니
하염없습니다

고단한 일상 무리하지 말고
아픔 없이 오래오래 행복하자는
잔소리 같은 약속 했건만
내 가슴에 그리움 만들고
다시는 오지 못할 먼 길
홀로 가버렸네요

임이 그리워 비 오는 날이면
옛 기억 떠올리려 그곳을 찾습니다
고운 임 그리워

관심은 사랑이야

편지에 담긴 네 당부는
살아가는 동안 내 마음이
향기로운 봄을 닮으라는 거지?

네가 보내준 아름다운 풀꽃은
남은 삶 따뜻한 가슴에 기대
힘겹고 버거울 때 의지하라는 뜻이지?

사랑하기 전 이별을 먼저 계산하고
이별이 오기 전 슬픔을 먼저 알아버린
바보 같은 심사
다시 피는 꽃을 보며 힘을 내지

지친 마음 다독이며
희망을 주는 네 관심은
나에겐 큰 힘이 된다는 것을 너는 알까?

변함없는 너

많은 세월 흘렀어도
변하지 않은 것은 사람의 마음
쉽게 변하는 것 또한 사람의 마음

그 쉬운 것을 거침없이
행하는 삶을 살면서도
넌 오직 하나 변하지 않는 마음
눈물나게 고마운 존재다

생각만 하여도 든든하고
운명처럼 함께했던 그 많은 세월
내 뒤에서 지켜본 너에게
전할 수 있는 것은
오직 고마운 나의 마음이란다

훗날
마주 앉아 지금을 얘기하자
가을 하늘 유난히 높고 푸른 날
차가운 바람 쓸어안고
다시 또 이별해야 하는지를

그래도 될까

비 오는 날
새로 사 온 레드 와인을 딴다
퐁! 코르크 마개가 떨어지고
잘 숙성된 와인 향이 퍼지면
너를 위해 잔을 채운다

준비 없이 보내 버린 세월
많은 시간이 흘렀어도
쓸쓸한 날이면 모습이 떠 올라
그리움에 젖게 하는구나

귓전을 맴도는 네 맑은 목소리
하고픈 말은 제대로 전하지 못했는데
고마웠다고 전하지도 못 했는데
잘 있느냐고 묻고 싶은데

버석거리는 모래알 같은 세상
허점 많은 삶이지만
네가 있어 용기를 낸다

가려진 사랑

날마다 다른 모습으로
내 눈에 들어오는 자연
얼마나 아름다운 풍경인가!

오늘은 안개가
산허리까지 내려왔고
넌출지게 매달린
아카시아 꽃 무더기
빼곡하게 채워진 푸른 숲
여러 소리로 아우성이네

나뭇가지 사이로
푸른 하늘 찬란히 빛나고
땅 위에선 싱그러운 풀꽃
꽃바람으로 넘실댄다

향 짙은 꽃에 취하니
그대 사랑하는 마음
고요한 숲에 내려놓고는 찾지 못하네
사랑은 미로 같아서

그대 기억 안에

이별을 고하며
돌아선다고 미워 말아요
사랑이 식었다고
미리 짐작해 서러워도 말아요

화사한 꽃도 시드는 아픔 있어야
풍성한 열매 맺듯
또 다른 마음이 다가선다면
분명 행복할 수 있을 테니
서로 행복을 기원하여요

좋은 인연되어
진실함만 전한 것은
내게 온 행복이라 충실했음이요
설레는 마음을 감추었던 것은
소유와 집착에 갇히고 싶지 않았기에
지금도 나는 그대 기억 안에
처음 빛 사랑이라 남고 싶음이라오

너를 안고서

혼자가 아니라서
세상은 홀로 살 수 없다는 것
누구에게 배우지도
누가 시켜서도 아닌 배짱은
오늘도 내일도 아니, 먼 훗날도
겁 없는 용기는
줄어들지 않을 것 같다

키 작은 풀꽃처럼
바람이 불면 껴안아 의지하고
비구름 몰려오면 서로 감싸는
한 포기 들풀이라도 좋으니
시들지 않도록 잘 보살펴
내 삶이 다 하는 날까지

겨울 연가

고요히 저무는 석양을 바라보며
넓고 아름다운 하늘에
너와 나의 기원을 펼쳐보자

찬바람 이겨내며 가녀리게 웃는 풀꽃
따스한 봄을 기다리며 견딘다니
자연에게 겸손한 마음 배워보자

서글픔에 짐짓 쓸쓸하거든
고독함도 살아가는 이유이기에 아름답다고
서로 위로하고 위안 받으며
마음 나라 평안함을 그려보자

변함없이 뜨고 지는 태양 아래
우리 함께 내일을 가꿔가며
사랑하는 너와 나
귀하고 맑은 인연 감사히 여기어
따뜻한 행복을 그리고
진실한 사랑 하나 심어보자

꿈꾸는 영혼이여

작은 물길 따라가다 보면
어느 사이 큰 강에 이르니
눈앞에 펼쳐진 넓고 푸른 바다는
벅차게 다가오는 꿈만 같지

물결처럼 허둥대는 마음
사랑은 운명에 얽힌 필연이라며
순응하며 웃고 있는 마음
이 나이가 되어서야 알았으니
그런 것이 어디 사랑뿐이랴

잠시 왔다 가는 인생
턱없이 부족한 사랑
그 진한 그리움에
취한 듯 비틀 거린다
아, 꿈꾸는 영혼이여
무엇을 기다린단 말인가!

내 탓이야

그냥 지나가자, 세월에 맡기고
그냥 묻어두자, 부질없으니
그냥 잊어보자, 미련 두지 말며

우리 사는 세상
불신도 옹졸함도 탓하려 하지 말고
바람에 순응하는 나뭇잎처럼
애써 피하지 말자

슬프면 눈물 흘리며 울어보자
애써 참으려 가슴 쥐어뜯지 말고
사람이니 아프고 후회 하는 거라니

야생초도 온갖 비바람 맞으며 견뎌야
예쁜 꽃을 피우듯
붙임 많은 세상사에 만남 인연 모두
이해하고 포용하는 노력으로
흐르는 시간 벗 삼아 마음을 맡겨보자
내일의 꿈과 희망이 있으니

난 그 자리에 있는데

숲에서 방향을 잃고
두려움에 당황스러울 때
애타게 널 찾고 있는 내 모습에
두려운 마음은
숨을 쉴 수 없어 당황했었지

향긋한 숲 향기에 취해
하염없이 오르다
나뭇잎 사이로 하늘이 보이고
산 아래로 보이는
도시의 아름다움도 만나지만
그 안에 네가 없다는 것을 알았지
난 그 자리에 있는데

외로움 떨치려
노랫말이 정겨운 노래에 마음 맡겨도
네가 없다는 허전함에
두리번거리는 마음은 저만치서
너를 찾고 있더라

봉숭아 꽃물

꽃물들인
가지런한 손톱 곱기도 하여라
나는 매년 그리운 엄니를 보듯
꽃물을 들인다네

여름 동안 땡볕을 먹고 자란
빨강, 분홍, 하얀, 보라색 꽃잎은
내겐 고마운 추억을 떠 올리게 하지

꽃잎을 모아
약속인 듯 꽃물을 들이며
내 엄니를 만나듯
내 엄니의 자상한 미소를 보듯
예쁘게 물들인 손톱을 보니
그리움에 눈시울 붉어져
울 엄니 몹시도 그립네

가슴에 걸어 놓은 별 하나

내 가슴에 간직한 별 하나
어둠에 길을 잃고 헤매도
내 길을 찾아 주는 넌 나의 별

홀로 기대어 눈물지을 때
먼저 달려와 등을 토닥이듯
내려 보는 너는
내 가슴 깊은 곳에서
빛을 발하는 사랑이란다

나는 고독하지 않아
나는 쓸쓸하지 않아
나는 슬프지 않아

나도 네게 소중한 별이 될 수 있도록
열심히 오늘을 가꾸려해
너는, 내 가슴에 걸어 놓은 별이라서

제 5부
내 마음의 풍경

내 마음의 풍경

푸른 하늘 맑은 바람
짙은 초록으로 변해가는 풍경
통통하게 살이 오른 나뭇가지
영롱한 빛을 받으니
내 마음 맑은 초록으로 물이 듭니다

자연이 가꾼 갖가지 들꽃
소담스럽게 피어나고
그리움도 꽃인 양
마음에서 하나 둘 피어납니다

구름 걷힌 하늘에서
밝고 영롱한 빛이 내리니
눈부신 감동으로 설레는 분주함
나의 여백에 들여놓은 다짐을
싱그러운 바람에 실어 날립니다
그대 향해 날아가는 나비처럼

가장 먼저 피는 매화

눈부신 햇살
내리쬐는 이른 봄이면
화사하고 귀한 빛을 뽐내는 매화

고목이 되어
등걸에서부터 새순이 나와
추운 바람 이겨내며 자태를 뽐내
봄소식 먼저 알리는 매화

손톱만한 꽃잎
백매화의 순결
홍매화의 붉은 열정
고결하고 순결한 빛을 비유해
절개를 상징하기도 하지

여인의 속눈썹 닮은 꽃술
짧은 시간 피었다
떨어지던 꽃잎을 생각하니
덧없는 인생 고단한 삶과 닮았구나
다시 돌아오는 계절에는 어디에서
제일 먼저 꽃 소식 전하려나...

꽈리꽃 열매

조그만 씨알들
거미줄 같은 씨방에 갇혀
밖으로 나오질 못하고
튕겨 나갈 때를
조심스럽게 기다린다

동그란 붉은 열매 안에는
어떤 근심이 가득 채워졌을까
터질 듯한
꽈리 꽃 열매를 보노라니
내 마음에 자리한 상념도 영글어
후련히 쏟아내며
꽈리를 불 듯 톡톡 뱉고 싶다

나를 이해하고
상대를 배려하는 마음으로
모나지 않은 꽈리꽃 열매처럼
남은 삶 둥글게 노래처럼

선암사 매화

고즈넉한 산이 절간을 품고
곳곳에 자릴 지키는 매화나무
칼바람 이겨내며 봄을 맞는구나

운수암으로 이어지는
계곡 물 먹고 자라는 근엄한 매화
따스한 봄이 오니 아름다운 자태로
우리에게 귀한 선물을 주지

청량한 풍경
산사의 낭랑한 목탁소리 퍼지고
보드라운 봄 햇살 찾아오면
튼실한 매화 고목에서도
어여쁜 꽃망울 터트리겠지

담장에 쉬어 갈 봄볕이 내리면
내 마음은 선암사에 달려가
화폭에 소복하게 담길
매화의 반가운 마중을 받네

봄의 향연

먼 산봉우리에 봄이 오네
메마른 숲에도 물기 올라
되살아나는 초록빛
썰렁하던 계곡도
녹청 빛 어우러져 햇살 받으니
더욱 곱고 정겹다

자연의 마법 같은 변화
날마다 다른 풍경 그려내는
최고의 작가구나

긴 잠에서 깨어나는 가지마다
현기증이 나도록 어여쁜 분홍빛 봄
계곡을 흐르는 물소리
잔잔한 바람은 초록 향기 실어 나르니
나는 지금 첫사랑을 만나듯
조심스러운 호흡을 한다
가슴 깊이…

초록빛 물든 나의 정원

싱그러운 초록 바람
창문을 밀고 들어오는 아침
모락모락 하얀 김이
커피 향과
어우러져 내게 안겨 옵니다

부산스러운 까치 한 마리
풀빛 향 물어와 놓고 가니
오늘도 기쁨을 예감하며
커피를 머금습니다

따스한 행복을 거실에 널어놓으며
나에게 맡겨진 평온을 위해
초록빛 사랑을 그리며 웃습니다

다랭이 마을길에서

구불구불 골목길
분주하게 허덕이던 일상을 떠나
고즈넉한 마을에서 여유를 찾는다

맑은 하늘엔
따사로운 햇살 아롱거리고
눈 앞 펼쳐진 남해엔 윤슬 넘실

고샅길
외진 모퉁이를 돌아서니
유채는 열매의 무게에 쓰러져 있고
개망초 벙글벙글

서걱서걱
대나무 잎이 스치는 소리와
철석거리는 파도
논둑길에 살랑이는 봄볕 받은 풀잎
사금파리 조각처럼 반짝여 눈부시니
오랜만에 누려보는 호사에
행복한 마음을 스케치 한다

매화 가지에 걸린 그리움

긴 겨울 이겨내고
수줍게 꽃잎 열기까지
땅속 깊이 내린 뿌리는
보이지 않는 곳에서
얼마나 많은 수고를 하였을까

겨우내 두껍게 덮인
추위를 녹이는 뽀얀 햇살
봄을 먼저 알리는 매화가 반기니
살포시 덮인 하얀 꽃잎은
여인의 속옷과 흡사하여라

변함없이
봄은 내 곁에 가까이
가장 먼저 매화가지에 꽃등을 달고선
봄 햇살을 받으며 고운 임 마중하네

풀꽃 마음 내 마음

따스한 봄볕을 한껏 받으며
나날이 커가는 새싹
머지않아 내가 좋아하는
작은 꽃을 피우지

풀꽃을 바라보며
그 향기 맡으려 바투 앉으면
아낌없이 주는 행복
나눠주는 네 향기
행복한 시간으로 담고

풀꽃 냄새 모두에게 향기롭듯이
차별하지 않고 사랑을 나누는
가슴 따뜻한 사람으로
후회 없는 삶을 가꾸려 해
오늘을 산물 받았으니

눈 서리꽃이 피었네

마른 덤불 위에
눈서리꽃이 피었네
보드라운 흙을 이고 있던
굳은 땅도
서걱서걱 눈 서리꽃 피워
우쭐한 맵시를 자랑한다

빼곡한 겨울 숲은
나뭇가지 위에 눈 서리꽃
서로 엉킨 채
노인의 백발처럼 쓸쓸하다가
회춘의 약속처럼
따뜻한 햇살 비추면
잠시 화사했던 차가운 꽃은
다음 날 새벽을 약속하네

자연과 하나 되어

숲길을 걷다가
나뭇잎 사이 비집고 찾아 온 볕뉘
지친 마음이 반긴다

시원한 숲의 바람
향긋한 자연의 향기
동무 하자 조르는 새들이
눈앞에서 재롱으로 분주하다

온 종일
일상에 쫓겨 허둥거리던
잡다한 마음 비우고
숲에 들어 와
건강한 웃음 지으며
나만의 사색에 부러울 게 없네
자연이 내게 주는 최고의 선물

노란 수선화

담장 밑 다소곳이
옹기종기 모여 핀 노란 수선화

후두둑
봄비에 젖은 꽃 무거워 힘겨운지
서로 기대어 버팀이 되는구나

향기로운 너는 외로운 사람에게도
행복한 사람에게도 편안함을 주는
보고 또 보고 싶은 꽃

정겨운 고향집 담장 밑
무리지어 피던 노란 수선화
문득 떠 올리니
가슴 깊은 곳에 자리한 그리움
마음 적시는구나

낙엽 길을 걸으며

가을비 하염없이 내려
길 위에 뒹구는 은행잎 적시는
쓸쓸한 오후
스산한 바람을 따라
무작정 길을 걸었다

어느 유명 작가의 그림같은
비에 젖은 낙엽 길
걸음 멈춰 바라보는
운무에 쌓인 가을 풍경
산허리를 감싼 구름은
무거운 정적으로
가슴에 차갑게 파고든다

사모하는 마음은
차분한 가을비에 젖고
삶의 틈새에 끼이든
두서없는 상념은
분명한 이유를 잃은 채 서성인다
처연히 떨어지는 빗방울처럼

매화나무 아래서

봄볕 따스한 날
자연과 함께 설레는 마음
살며시 꺼내본다

숱한 기억들은
매화 향 은은한 나무 아래서
그리움 삭이며
나만의 여백에 스며든다
하늘, 그리고 자연과 바람
코끝을 스치는 꽃 향
따사로운 햇살에 눈이 부시다

혼자 보기 아까운 풍경
서둘러 나의 공간에 옮겨 놓는다
먼 훗날에 지금을 기억하려고!

숲에서 길을 잃고

마른 숲이 우거진 산에 오르다
비슷한 풍경, 아리송한 갈림길에서
찾는 길을 잃고 말았네

정상을 향한 발걸음
마음을 재촉해 오르다 보니
숲의 일렁거림은
불안한 느낌을 안기고
매서운 바람은 두려움까지 들게 하니
준비 못한 산행에 대한 후회에 잠시 멈칫

낮달을 방위 삼아 가늠하고
마른 숲을 가로질러
힘겹게 정상 향한 길 찾아내니
안도의 한숨 속엔 아찔한 경험이 주는
자연 앞에서의 겸손이다

동백꽃

사각사각
추운 겨울 피어나는 동백꽃
내가 어렸을 적에는
담장 아래 소복하게 떨어진
동백 꽃송이 하나둘 짚에 꿰어
예쁜 목걸이 만들어
뽐내며 행복해 했지

밤새 찬바람 이겨내며
열정적인 빛으로
처연하게 몸을 낮추던
그 모습 떠올라
붉은 열정의 동백 꽃잎 덮으며
나는 깊은 잠을 청하네

눈이 내리네

하얀 눈이 펄펄 날렸어
소복하게 쌓인 눈은
추억을 부르겠지?

쏟아지는 눈밭에
맨 처음 나의 흔적을 남기고 싶어
보고 싶다! 이렇게 썼지

하얀 옷으로 갈아입은 나뭇가지
하얗게 포장된 꾸불꾸불 시골길
나이 많은 은행나무에도
백색 꽃이 피어
그 풍경을 바라보노라니
내 마음에도 그리움 쌓이네

이럴 땐 도란도란 손을 맞잡고
하얀 눈 위를 걷고 싶다
행복을 노래하며

제6부
나의 기도

나의 기도

당신 앞에 겸손과 용서를 배우고
당신 앞에 미움을 삭히는
사랑을 배우고 싶습니다

사랑은 참아내고
인내하라는 말씀 따라
보지 못한 사랑을 보게 하여
밖에 서성이는 저를 안아 주소서

당신 사랑에
고개 숙인 저를 바라보시어
당신 마음 아프게 한
저를 용서 하소서

당신께 의탁하여
건강한 마음으로 타인을 바라보고
밝고 맑은 생각으로 사랑을 전하며
소외된 곳을 지나치지 않도록
저를 끌어 주소서
당신 가까이 머물도록

당신을 사랑합니다

주저하지 않고 사랑할 당신
오늘도 나는 당신 곁에 있기에
무리 없이 하루를 지냈습니다

언제나 축복을 주시기에
들풀 같은 마음으로
충실한 삶을 가꿉니다

이해와 배려 기억하도록
깨우쳐 주신 소중한 말씀
당신의 뜻으로
실천 하고자 합니다

당신이 나를 지키듯
당신 위한 사랑
게을리 않고
진실한 마음으로
향기롭게 살겠습니다

임의 사랑은

당신은
밤하늘 빛나는 별처럼
성스러운 빛으로

길을 잃고 헤맬 때
빛을 따라가라 일러 주시고
당신 큰 사랑으로
강하게 나를 키우셨네

생명의 소중함을 일깨워
행복을 알게 하시고
따뜻한 사랑이게 하셨네

당신의 축복으로
지극한 사랑 주시니
당신께서 주신 사랑의 거룩함으로
영원한 헌신을 꿈꾸어 보네

나의 삶은 덤입니다

무던히도 힘겨운 오늘
간간이 당신 모습 떠올라
높은 하늘을 올려보았지요

분주한 일상
어디서든 당신이
내려 보고 있다는 믿음이 있기에
날마다 참다운 삶을 배우고

고단한 오늘
힘겨움과 다투고 있을 때
당신이 내 안에 있어
극복할 수 있는 이유가 됩니다

외로움도, 그리움도,
모두 사랑이라고
당신이 내게 가르쳐준
고귀한 깨달음
그런 당신은
언제나 사랑이랍니다

사순절에

이른 시간
잠에서 깨어 창밖을 보니
산허리에 걸렸던 은은한 안개
마을 앞까지 내려왔습니다

눈부시게 다가오는 아침
당신 고통을 기억하라
향기로운 성지(聖枝)가지 전해줍니다

사순절을 맞이해
속죄하며 은혜로운 축복 안에
이해하며 기다리자는
주문을 수도 없이 외웁니다

당신께서 제게 주신 사명
내가 필요한 곳곳
당신 향기 고루 전해
언제나 은총 가득한 행복
함께하길 기도합니다

깨어나게 하소서

혼탁한 생각 하지 않고
사랑하는 사람 힘들지 않도록
진실한 사람이게 하소서

실망 주지 않는 사람으로
매사에 분명한 사람으로
실수를 거듭하지 않도록
깨어있게 하소서

삶이 끝날 때까지
변함없는 마음으로
내게 의지할 수 있는 힘을 주시어
작은 소망 이루고
진솔한 고백으로 훈훈한 사랑
가슴이 따뜻한 사람으로
그대 안에 머무르게 하여
위로를 주고 위안을 받는
편안한 삶으로 마감하게 하소서

하늘을 봅니다

은혜롭고 잔잔한 마음 들게 하여
유월의 뜨거운 태양을 식히는
한줄기 소나기처럼
이 세상 필요한 사람으로
살아가려 하늘을 봅니다

존재하는 모든 것 고마움 잊지 않고
타인에게 가시 같은 존재보다는
훈훈한 사랑 전달하는
지치지 않는 사람으로 살고자
내 마음은 하늘을 봅니다

먼저 자신을 사랑하고
옳고 그름을 아는 성숙함으로
한 분이신 당신을 믿고 따르며
슬기로운 지혜로 살아가는 동안
후회가 많지 않게 살아가려
하늘을 봅니다

하늘, 그곳에는
내가 사랑하는 당신께서 계시니

혜정 **박연희 시집**
마음의 여백

인쇄일: 2017년 3월 15일
발행일: 2017년 3월 22일

지은이: 박연희
펴낸이: 최경식
펴낸곳: 도서출판 청옥문학사
인쇄처: 세종문화사

등록번호 제10-11-05호
E-mail: sik620@hanmail.net
전화: 051-517-6068

값 10,000원

ISBN 978-89-97805-58-7 03810

이 도서의 국립중앙도서관 출판예정도서목록(cip)은 서지정보유통지원시스템 홈페이지
(http://seoji.nl.go.kr)와 국가자료공동목록시스템(http://www.nl.go.kr/kolisnet)에서 이용
하실 수 있습니다.(cip2017004598)

* 이 책의 무단전재 및 복제행위는 저작권법에 의거, 처벌의 대상이 됩니다.